DU

SYSTÈME POLITIQUE

SUIVI PAR LE MINISTÈRE,

ou

REPONSE

A L'OUVRAGE DE M. DE CHATEAUBRIAND

SUR LE MÊME SUJET,

PAR H. AZAÏS.

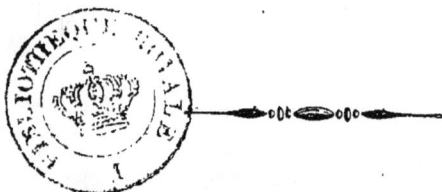

A PARIS,

Chez Béchet, libraire, quai des Augustins, n° 57;
Et chez Delaunay, libraire, au Palais-Royal, n° 243.

1818.

Les autres brochures philosophiques du même auteur sont :

Manuel du Philosophe , ou Principes éternels.

Jugement Philosophique sur J.-J. Rousseau et sur Voltaire.

La Raison vengée de l'Inconséquence , ou Lettre de M. Azaïs à M. de Feletz.

De la Sagesse en politique sociale , ou de la Mesure de Liberté qu'il est convenable , en ce moment, d'accorder aux principales Nations de l'Europe.

Le prix de chacune de ces Brochures est de 1 fr. 50 cent.; on les trouve chez Bechet, quai des Augustins , n° 57 , et chez Delaunay et l'Advocat , au Palais-Royal.

DE L'IMPRIMERIE DE C.-F. PATRIS,
rue de la Colombe, n° 4, quai de la Cité.

PRÉFACE.

—

M. de Châteaubriand attaque le Ministère. Cela ne suffit point sans doute pour constituer de sa part un tort ou une erreur. Mais il l'attaque en masse, sans réserve, avec violence. A mes yeux, la passion l'égare; et à mes yeux encore, la passion d'un homme très-élevé dans l'opinion est un danger pour la patrie.

Fortement attaché à la tranquillité publique par mon âge, mon caractère, ma famille, et la nature de mes travaux, je ne puis voir sans inquiétude un homme d'une grande et juste renommée, s'exposer au malheur d'augmenter nos troubles et nos souffrances. C'est à M. de Châteaubriand lui-même que j'adresse mes réclamations. Je crois avoir pris un ton digne de lui et de ma cause.

Cette cause, celle du rétablissement de la paix publique, vient de faire spécialement

a

l'objet de mon dernier ouvrage (1). Je me suis attendu à ce qu'il n'obtiendrait point l'approbation des hommes qui ont, ou qui feignent d'avoir des opinions extrêmes. Je ne releverai point leurs critiques; on ne se plaint point de ce que l'on a attendu.

Mais quelques journalistes, confondant à dessein, ou sans dessein, la permanence de dispositions et la permanence de principes, choses très-différentes, m'ont accusé d'avoir changé d'armes et de terrein. « Quel est, ont-ils dit, ce zèle bénévole et déplacé qui le rend le champion des opinions qu'il a tant combattues? »

J'ai le droit de répondre publiquement à ceux qui, en présence du public, m'ont adressé une telle question, que s'ils avaient eu le loisir de lire les ouvrages que j'ai publiés depuis dix ans, ou l'occasion de m'en-

_____

(1) *De la Sagesse en politique sociale, ou de la mesure de liberté qu'il est convenable , en ce moment, d'accorder aux principales nations de l'Europe.*

tendre, ils reconnaîtraient que, depuis dix ans et davantage, il n'y a point eu de variations dans celles de mes opinions qui ont le caractère de principes. Mais je les engage à distinguer les opinions sur les personnes, des principes sur les choses; c'est surtout à celles-ci que doivent s'appliquer les principes, parce que c'est sur la marche générale et nécessaire des choses que doivent s'exercer la réflexion et la raison. Voilà pourquoi il est possible à l'homme attentif et prévoyant, de se former des principes invariables. Voilà même pourquoi il n'est que des principes invariables, s'appliquant avec diversité à des circonstances diverses, qui témoignent dans l'homme un esprit sage, attentif et prévoyant. L'opiniâtreté de dispositions, tandis que tout autour de nous est soumis à la loi continue du changement, n'est qu'un signe d'entêtement ou de faiblesse.

J'ajouterai maintenant que les hommes qui jouent un rôle éminent sur la terre, peuvent, pendant quelque tems, être jugés, soit avec trop de faveur, soit avec injustice, même par ceux de leurs contemporains qui ont naturellement le plus d'équité. Cela vient de ce que bien des circonstances, ignorées de l'observateur impartial, pourraient, si elles lui étaient montrées, justifier l'homme qu'il accuse, ou accuser celui qu'il estime; et un grand nombre de ces circonstances n'est dévoilé que par le tems.

Telle est, je suis prêt à en convenir, la double expérience que j'ai eu souvent l'occasion de faire. Quelques hommes qui ont passé devant moi sur la scène du monde, ont commencé par obtenir de mon âme une admiration exagérée; d'autres ne m'ont d'abord inspiré que des sentimens trop rigoureux. Le tems m'ayant donné ensuite des informations plus nombreuses, plus positives, j'ai réfléchi avec calme; et je crois avoir fini par être juste.

« Quelle est, a-t-on dit encore, cette pro-

fusion d'éloges qu'il jette à la tête des Princes
et des Gouvernemens étrangers ? »

Je ne me défends pas, ou même je m'ho-
nore d'avoir appelé, autant qu'il m'a été
possible, la confiance des Français sur la
plupart des Princes étrangers ; parce que
cette confiance, si elle s'établissait avec di-
gnité, applanirait bien des choses ; parce
que, à mes yeux, elle serait d'ailleurs une
justice ; parce que les intérêts politiques des
principaux Souverains s'accordent, en ce
moment, avec la noblesse de caractère ; parce
que généralement aujourd'hui la noblesse de
caractère est l'apanage naturel des hommes
élevés par leur éducation, leur rang, leur
fortune, et qui ne se trouvent point asservis
aux intérêts d'une faction. J'ai dit que la civilisation, par ses progrès, avait banni du cœur
humain les inclinations tyranniques ; en effet, si l'on met toujours à part l'esprit de
faction, dont l'influence, ordinairement pas-
sagère, disparaît avec les circonstances qui

l'ont fait naître, on ne trouve presque plus les inclinations tyranniques, ni dans la haute société, ni dans la société moyenne, ni dans l'intérieur des familles, ni même dans les colléges. Tel est l'un des plus heureux fruits de cette puissance de la civilisation qui verse sur nous tant de biens, en échange de ceux qu'elle nous enlève. Toujours en mouvement, toujours en action sur les sociétés humaines, elle finit par établir dans leur sein le commerce généreux et facile de l'égalité, de la déférence, de l'indulgence. Tout alors s'adoucit.... et s'affaiblit, précisément parce que tout se mêle.

Je ne dois point me laisser entraîner à faire de cette préface un ouvrage; mais on me pardonnera sans doute d'avoir repoussé une accusation injuste. J'ai le droit par mes écrits, je dirai même par mes discours et ma conduite, de me présenter comme un homme qui a quelque fermeté dans ses pensées; et, en effet, il serait impossible

que, dans toutes les choses d'un grand intérêt, elles ne fussent point fixées. Je n'ai
réellement qu'un principe, comme un arbre n'a qu'une tige. Dans mon ouvrage sur
la sagesse en politique sociale, j'ai décrit,
le mieux qu'il m'a été possible, l'une des
branches majeures de l'arbre universel. J'ai
tâché surtout de ne pas me tromper en
indiquant, et la place, et la nature des fruits
qui appartiennent à cette branche majeure.

En ce moment, j'ai de nouveau saisi une
occasion signalée de développer les consé-
quences les plus importantes du principe sur
lequel tout repose ; et, pour me faire mieux
entendre, j'ai commencé par établir en peu
de mots cette base de toutes les choses
existantes, par conséquent de tous les sentimens justes et de tous les bons raisonnemens.
Si les personnes qui ont lu mes ouvrages
précédens, trouvaient que mon point de
départ et mon objet sont uniformes, je
leur dirais qu'en cela j'imite la nature. Elle

n'a jamais, dans toutes ses œuvres, que le même but et le même commencement. Je vais parler du gouvernement d'un grand peuple ; c'est la plus belle imitation que l'homme puisse faire du gouvernement de la nature.

Je demande donc à mes lecteurs quelques instans d'attention. Je ne voudrais point qu'ils s'attendissent à trouver ici une discussion acharnée, que j'aurais suivie avec des intentions piquantes. Le sujet et l'adversaire étaient loin de s'y prêter. Je me suis abandonné peut-être à quelques mouvemens de force. Il est possible même que certains traits se montrent sous l'appareil de la véhémence. Mais, dans un homme capable de réflexion, il est un âge, une position, des souvenirs, qui peuvent se combiner de manière à produire, de tems à autre, une ardeur de raison.

DU

SYSTÈME POLITIQUE

SUIVI PAR LE MINISTÈRE.

———————

A MONSIEUR

LE VICOMTE DE CHATEAUBRIAND,

Monsieur,

La passion peut être honorable, cela dépend de ses motifs et de son objet.

Mais elle dépasse presque toujours la mesure de mouvemens nécessaires pour saisir son objet.

C'est ce qui la rend presque toujours imprudente, souvent funeste.

Les raisonnemens de l'homme passionné manquent de justesse ; ses sentimens manquent de justice. Raison ou justesse, force ou justice, tels sont les nobles priviléges de l'homme qui, dans la carrière de l'examen, sait marcher et s'arrêter.

Je pense, Monsieur, que lorsque vous écriviez l'ouvrage que vous venez de publier, vous étiez dans des dispositions qui vous empêchaient de voir sainement les choses, et d'être juste à l'égard des hommes. Je crois faire une œuvre utile que de le démontrer. Votre nom et vos talens donnent de l'importance à chacune de vos actions publiques.

Mais votre nom et vos talens m'imposent le devoir de respecter vos intentions et votre personne. Je remplirai ce devoir; et, de ma part, ce ne sera point un mérite. Je le sens au caractère de mes pensées, et à la satisfaction intérieure que me causent mes propres intentions.

Je commencerai, Monsieur, par quelques réflexions générales. Il faut une base à toute œuvre de raison et de justice.

L'art de gouverner les sociétés humaines ressemble, sous un rapport essentiel, à l'art de conserver la santé de l'homme; car l'homme en pleine santé est l'image d'un peuple bien gouverné.

Equilibre dans le mouvement : Telle est la définition précise de la santé de l'homme, et du bien-être d'un peuple. Sans mouvement, point de vie sociale, point de vie individuelle. Sans une égale distribution de forces, sans harmonie, sans équilibre, point de bien-être, point de vigueur.

Ainsi, l'art de gouverner les sociétés humaines

est l'art d'en diriger les mouvemens , et d'en
distribuer les parties , de manière à ce qu'aucune
ne jouisse d'un excès de forces et d'avantages
qui entraînerait , dans d'autres parties , un affaiblissement proportionné. Cet art est également
celui de toute construction ; de toute administration ; c'est , en un mot , l'art de toute industrie et
de toute sagesse.

Mais si le gouvernement des sociétés humaines,
et le régime de l'individu , doivent avoir une
marche et un objet semblables , il existe néanmoins entr'eux une différence importante. Le
premier est très-difficile ; il s'applique à un
sujet très - composé , très - étendu : le second
est beaucoup plus simple ; il s'applique à
un sujet unique , qui , lui-même , éclaire , par
son instinct , les conseils qu'il demande , et
pour peu qu'il soit doué d'intelligence , peut
instituer lui-même les lois de son propre gouvernement.

Dans les sociétés humaines , au contraire ,
l'ensemble , *le peuple*, est un être fictif , qui
n'est immédiatement senti et connu d'aucune des
parties. Chacune de ces parties a son instinct spé-
cial , ses besoins immédiats , qui la pressent ,
l'excitent , qui sans cesse l'entraînent à froisser
l'instinct et les besoins des autres parties ; ensorte
que tandis que la concorde organique, ou, ce qui
est la même chose, la santé, peut très-bien se main-

tenir dans un grand nombre d'individus livrés à
eux-mêmes, la discorde, l'anarchie, sont inévitables dans tout peuple livré à lui-même, dans
tout peuple qui n'est pas gouverné.

Gouvernement : tel est donc le premier besoin
des peuples ; connaissance soutenue des mouvemens et des intérêts de toutes les parties, soin
attentif de les balancer les unes par les autres, de
les tenir sans cesse en équilibre : tel est le premier
devoir du gouvernement.

Suivons et achevons l'image.

Dans le gouvernement de l'individu, il y a des
choses naturellement permanentes ; celles-là se
rapportent au tempérament. Chaque individu
a le sien, qui se modifie par l'âge, par l'éducation,
par la position, mais qui ne change pas. L'homme
bien réglé est celui dont le régime a des lois fixes
et des lois mobiles ; les unes adaptées à ce qui
est fixe dans son être, les autres à ce qui change ;
les unes permanentes, parce qu'elles sont fonda-
mentales ; les autres transitoires, mais cependant
très-importantes ; car lorsqu'étant devenues nécessaires, elles ne sont pas observées, il y a aussi-
tôt trouble et souffrance dans tout ce qui est fondamental.

De même, pour qu'un peuple soit bien gouverné, il faut que son tempérament national,
c'est-à-dire ses dispositions particulières à l'acti-
vité, à l'intelligence, à l'industrie, servent de

base à ses lois fixes, à celles de ses institutions
qu'il convient de rendre durables ; et il faut aussi
que pendant le cours de son existence, il y ait,
de tems à autre, des modifications dans le régime ;
modifications déterminées par les circonstances
qui naissent des progrès de la civilisation, des
relations extérieures et des événemens.

Les maladies de l'individu résultent des erreurs
de son régime ; elles sont mortelles, lorsque ces
erreurs ont détruit tout balancement.

Les révolutions des peuples résultent des
erreurs de son gouvernement. Lorsque celui-ci
a laissé se produire, dans l'état, la rupture absolue
du balancement, les révolutions sont mortelles.

Tels sont, Monsieur, les principes communs
et comparés de l'économie individuelle et de
l'économie sociale ; je les crois hors d'atteinte.

Passons maintenant à celles de leurs consé-
quences qui intéressent particulièrement le
peuple français.

Ce grand peuple existe encore ! Sa révolution,
si impétueuse, si effrayante, n'a pas été cependant mortelle ; ce qui prouve que la rupture
de balancement qui avait produit cette révolution terrible, n'a pas été absolue.

Mais n'a-t-elle pas été plusieurs fois sur le
point de le devenir ? Pouvons nous l'ignorer, nous,
contemporains de tant de malheurs entassés ;

nous qui, tour-à-tour, en avons été témoins, acteurs ou victimes ? Pouvons-nous oublier que pendant plusieurs années, le gouffre de l'anarchie fut sans cessse prêt à nous dévorer ?

Un homme très-fort, très-audacieux, très-habile, le ferma ce gouffre épouvantable. Soyons justes pour sa mémoire ; dans l'ingratitude il y a tant de lacheté, et quelquefois tant d'imprudence !

Cet homme n'est plus sur la scène du monde; il n'y sera plus ; sa chute a tous les caractères de la mort; mais elle a été brusque cette chute mémorable ; c'est la foudre qui l'a produite ; et les sillons de la foudre ne sont que des ravages.

Après avoir séduit la révolution, Napoléon l'avait enchaînée; mais il ne l'avait point consommée; il n'en avait pas eu le temps. Affranchie de son joug, elle a reparu avec cette violence, cette exigence, que donne une forte et longue compression. La lutte s'est rétablie entre le siècle des changemens et le siècle des habitudes, entre l'exaltation de nouveaux droits et celle de justes regrets.

Un prince s'est montré, ramené par l'Europe. Héritier naturel du trône de France, il avait de plus grands titres encore à la confiance des Français. Tous se souvenaient que pendant sa jeunesse , et au centre d'une cour aveuglée, il avait soutenu la cause du peuple. Doué d'un sens profond et d'une haute prévoyance, il avait tenté d'affermir son auguste frère sur la ligne de sagesse que cet excellent Monarque avait l'intention de suivre, mais qu'il n'eut pas la force de commander.

Plein d'estime pour les projets et le caractère d'un ministre vertueux, le Comte de Provence s'était noblement prononcé en sa faveur; il l'avait secondé dans le dessein, qui alors eût été si salutaire, de prévenir la rupture du balancement, en ramenant les unes vers les autres toutes les parties extrêmes, en fondant sur la résistance même de chacune, l'existence et les droits de celle qui lui était opposée, et en plaçant la royauté au pivot de l'équilibre.

Vingt-cinq ans de retraite et d'adversité avaient fortifié dans l'âme du prince ces pensées judicieuses. Le moment semblait venu de les mettre sincèrement en œuvre; le vœu national les appelait.

Et c'est peut-être ce qui d'abord jeta le Roi dans une sécurité trop généreuse, et l'entraîna à régner moins par fermeté que par amour et confiance. Tout devait lui paraître si naturel dans l'évidence dont sa raison était frappée! tout devait lui paraître si juste, si simple, si facile dans les sentimens d'une indulgence mutuelle qu'il se plaisait à conseiller!

Illusion honorable et cependant malheureuse! Le Roi ne fut pas entendu ; ses plans de conciliation furent entravés ; des écrivains singulièrement imprudents, échos de passions singulièrement insensées , semèrent de nouveau l'inquiétude et les alarmes, irritèrent les esprits, les entraînèrent au malheur de douter de la sincérité du Monarque, lui arrachèrent ainsi bien des cœurs qu'il avait gagnés, et indignement glorieux d'un si fatal triomphe, insultèrent le siècle, le peuple, la philosophie, préparèrent, pressèrent de nouvelles secousses , en versant l'anathême sur les changemens les plus utiles, et sur ceux qui, funestes et déplorables dans le principe, ne pouvaient plus être réparés.

Pendant cette période de onze mois, où se débordèrent tant d'ignorance et de délire, il s'éleva cependant quelques voix fortes , organes d'esprits très-éclairés. La vôtre , Monsieur, fut de ce nombre; je la place même au premier rang. Vos *réflexions politiques* furent admirables d'intentions, de modération, de raison ; et vous leur donnâtes ce que vous ne sauriez refuser, votre style et votre éloquence. Le Roi, en vous honorant de son suffrage , fit non-seulement un acte de justice, mais un acte de sagesse ; car il manifesta ainsi ses propres pensées; et de telles pensées, dans son âme, méritaient d'être la sauvegarde de notre tranquillité.

Mais que sont les efforts d'un grand écrivain, ceux même d'un Roi, lorsque le torrent qui les environne marche en sens contraire! Honneur vous soit de nouveau rendu, Monsieur, pour avoir essayé du moins de conjurer une catastrophe inévitable.

Le 20 mars arriva. L'invasion étrangère fut de nouveau provoquée ; source violente de maux terribles ....moins grands peut-être que les maux qu'elle empêcha!

Pourquoi n'exprimerais-je point toute ma pensée? Le fléau le plus atroce n'est point la guerre étrangère ; c'est la guerre civile. Heureux encore les peuples à qui elle est épargnée! Depuis vingt-cinq ans, la guerre étrangère nous sauvait de nous-mêmes. Eh bien, osons le dire : en 1814, elle nous sauvait encore ; au moment où elle fut ramenée par l'entreprise la plus audacieuse, les poignards s'aiguisaient, les torches étaient allumées ; la France entière allait devenir un champ de carnage ; elle était couverte de tant d'hommes irrités, de tant d'hommes indignés, de tant d'hommes humiliés! et parmi eux il y avait tant de soldats !

Mais si une tentative si rapide, si fatale, détourna des calamités plus longues, plus horribles, elle partagea sourdement le Peuple français en plusieurs fractions qui subsistent encore.

Lorsque l'entrée de Napoléon à Paris fut jugée inévitable, les uns gardèrent au Roi un attachement sincère ; ils le suivirent dans ce nouvel exil, se dévouèrent à sa cause et à sa personne. Parmi les plus remarquables de ces serviteurs fidèles, je citerai M. de Cazes et vous.

D'autres craignirent les ressentimens de Napoléon ; et cette crainte fit toute l'ardeur de leur royalisme.

D'autres encore qui, jusques-là, n'avaient franchement servi ni combattu aucun pouvoir, se tinrent dans l'ombre, ou, s'ils étaient contraints de paraître, prirent une attitude équivoque, à l'aide de laquelle ils pussent saisir, au passage, les bénéfices quelconques de tous les évènemens.

Il y eut aussi des hommes, et malheureusement en grand nombre, qui prirent occasion du changement de scène, pour se venger, et plusieurs avec excès, des humiliations, des vexations qu'ils venaient de subir.

Enfin, certains hommes, supérieurs au ressentiment, mais ardens pour la cause de la patrie, généreux et fiers, mais mal informés ou peu prévoyants, frémirent à la pensée que la France allait de nouveau être envahie ; que si les hommes du Nord y rentraient, ce serait avec une fureur difficile à contenir, et que les Souverains eux-mêmes ne composeraient plus avec la France; que s'ils étaient vainqueurs, ils la mutileraient, la partageraient, l'écraseraient.

Je vous prie, Monsieur, de considérer que je ne prétends ici accuser ni justifier personne. Je raconte et j'explique ; mon dessein réel va s'éclaircir.

Trois mois s'écoulent ; les mouvemens se précipitent ; les armées se heurtent ; un abîme s'ouvre ; nos soldats s'y engloutissent ; l'Europe marche encore sur Paris.

Le Roi rentre dans sa capitale avec ses droits, ses intentions, avec sa pensée toujours patriotique et nationale. Mais avouez-le, Monsieur, vous qui aviez l'honneur de le suivre ; c'était, de sa part, un dévoûment que de reprendre la couronne ; il fallait, pour l'y résoudre, que ce consentement pût seul conserver l'Etat.

Et en effet, je pense que ce Prince a eu la générosité de retenir une moitié de la vérité, lorsqu'il a dit : *J'aurais abdiqué le trône, que l'invasion n'aurait pas été prévenue.*

Non, elle n'aurait pas été prévenue ; et, secondée par nos divisions, par notre désespoir, par notre valeur même, elle se serait terminée par notre anéantissement. En ce moment, la France n'existerait plus.

Respect, amour, reconnaissance au Souverain qui, pour faire tomber tant d'armes meurtrières, n'a eu d'autres armes que ses vertus !

Mais en quel état a-t-il retrouvé la France ? et entouré des hommes si clairvoyans, si formidables, qui venaient de raffermir son trône, quelle garantie pouvait-il offrir de notre tranquillité ?

Ici le passé s'achève, et le présent commence.

La France est désarmée ; sur son territoire se fixent des camps d'observation ; son peuple est chargé d'une contribution pesante : telles sont les relations, justes peut-être, mais cruelles, rigoureuses, qui s'établissent entr'elle et le vainqueur.

Dès ce moment, le gouvernement Français se trouve placé dans la position la plus difficile ; car son devoir est, à la fois, de ménager tous les sentimens d'un peuple dans l'infortune, et de tenir, en son nom, tous les engagemens de la nécessité.

Tout peuple qui souffre est naturellement porté à l'injustice ; et lorsque ses diverses parties sont déjà en opposition mutuelle, l'animosité, l'irritation, l'état hostile, sont pour chacune un soulagement.

La France, déjà si divisée au mois de mars 1814, devait, trois mois après, ne plus être, dans toute son étendue, qu'une plage de haine et de discorde. D'une part, triomphes insultans, de l'autre, fureur étouffée ; ici orgueil, menaces, injures ; là, dépit, révolte, honte ou frayeur.

C'est sous de tels auspices que les élections

sont ordonnées. Quels préliminaires pour une constitution libérale ! quel début pour une charte de conciliation !

Les assemblées se forment ; mais sous quelle influence ? La victoire, en ce moment, est à un parti violent et aveugle, qui déjà, l'année précédente, a compromis tous les intérêts de la monarchie, qui maintenant vient de trembler et de souffrir. Egaré par le besoin de la vengeance, exalté par l'espoir de tout saisir, il soumet presque partout les élections à sa tyrannie.

Jamais il n'y eut d'assemblées électorales, moins libres, moins nationales, que celles qui eurent pour résultat la chambre de 1815. Un grand nombre d'hommes attachés à leur patrie, ou y étaient subjugués par la crainte, ou ne s'y étaient point rendus.

Voilà, Monsieur, ce qu'il est tems de reconnaître. Cet aveu important, que la vérité exige, va rendre facile l'explication de bien des faits importans.

Les chambres sont convoquées ; la session commence. Fidèle à l'esprit qui l'a formée, la chambre des députés porte sans cesse le mouvement politique en sens inverse du mouvement social. La politique saine, la politique nécessaire ordonnait de tout calmer, et de beaucoup pardonner, même sans faire valoir l'indul-

gence. Au contraire, on ne s'attache qu'à flétrir
le vaincu, à effrayer l'innocent, à désespérer le
coupable. Le gouvernement lui-même, qui,
par une complication de circonstances fatales,
se trouve, en ce moment, plus directement
associé à la cause des triomphateurs qu'à celle
des victimes, est contraint de donner à sa fermeté, à sa sévérité, le caractère de la vengeance.
Impatient de consoler, de se faire bénir, il débute
forcément par jeter autour de lui la désolation
et l'épouvante !

Oh ! qu'il y avait alors de malheur sur le
trône !

La chambre marche rapidement dans les voies
de la tyrannie ; en vain les ministres lui cèdent
sur quelques points, semblent même quelquefois la devancer pour acquérir les moyens et
la force de la retenir ; dans le sein même de la
chambre, quelques hommes sages et courageux
rési tent à sa violence ; ils la modèrent sans
doute ; ils ne l'arrêtent pas. Seulement leur opposition contraint la tyrannie à prendre des lignes
détournées ; c'est par le renversement de la
constitution qu'elle veut saisir le pouvoir ; et
c'est par la tentative simulée de perfectionner
la constitution qu'elle procède à son renversement. Ce qu'elle se hâte surtout d'arracher à
l'édifice, c'est la clef de la voûte ; c'est l'initia-

tive royale ; elle tend à usurper ce grand privilège, propriété inviolable de la couronne, sans
laquelle, en France, il n'y aurait point de Roi.

Le Gouvernement voit le but ; il frémit de
nos dangers. Par un premier coup d'état, la
chambre est brusquement dispersée. Les hommes
passionnés ne cachent point leur dépit ; mais
bientôt ils obtiennent dans les départemens les
consolations de l'apothéose. Il est trois maladies
du cœur humain qui ordinairement se combinent :
c'est le fanatisme, l'idolatrie et la vengeance.

La chambre révolutionnaire n'existe plus ; l'in-
cendie alors n'a plus un foyer central ; elle n'en
est bientôt que plus menaçante ; toutes les haines
se choquent ; toutes les passions fermentent ; sur
tous les points de la France, la sédition est prête
à sortir toute armée des entrailles de la terre. A
Grenoble elle éclate : et Lyon, et Bordeaux, et
Paris vont lui répondre ; de vigilans soldats l'é-
touffent à Grenoble ; partout ailleurs le Gouvernement la comprime ; mais sourdement échauffée
par l'humiliation de beaucoup d'hommes fiers,
et par le désespoir de beaucoup d'hommes bra-
ves, elle rasssemble sans cesse les instrumens
d'une commotion affreuse.

Un grand acte l'écrase, en foudroyant ses
causes ; le 5 septembre arrive ; l'état est sauvé.

Ecoutez, Monsieur, écoutez les applaudisse-

ments donnés à cette journée mémorable! ils
retentissent encore, l'Europe les répète, l'his-
toire les consacrera : c'est là qu'elle trouvera
l'expression réelle de l'opinion publique.

Reconnaissons maintenant qu'un grand coup
d'état, lorsqu'il est devenu nécessaire, lorsqu'il
est fait avec cette fermeté qui annonce une
main sûre et habile, doit être suivi de mou-
vements analogues aux circonstances qui en
ont imposé la loi. C'est surtout en politique
sociale qu'il faut être conséquent, vigilant et
calme.

L'ordonnance du 5 septembre tranchait dans
le vif ; elle coupait subitement l'impulsion fatale qui portait l'Etat en arrière du siècle et de
la liberté publique. Ce n'était pas encore l'équilibre rigoureux qu'il s'agissait de produire. Jamais,
dans la nature, une régularité absolue ne suc-
cède brusquement à une irrégularité forte. Avant
que le mobile se repose, il faut encore quelques oscillations alternatives et décroissantes, et
c'est dans le ménagement de cette alternative
que se montre le génie de transition.

Que fit le ministère ? Il favorisa le parti opposé à celui qu'il venait d'abattre ; il le devait :
contre les passions que l'on enchaîne, il faut le
secours d'autres passions.

Ainsi, monsieur, lorsque vous accusez le

Ministère de les avoir fait intervenir dans les
élections qui succédèrent au 5 septembre, vous
ne l'accusez, selon moi, que d'avoir pris le seul
moyen possible d'assurer le succès de cette importante journée. Il n'y avait pas, en ce moment,
d'autres défenseurs à rassembler en faveur de la
constitution, de la liberté et de la royauté.

Mais l'emploi et le degré de cette réaction
devaient être réglés par la prudence. Le Ministère
y parvint ; et c'est ce qui prouve que dans cette
circonstance critique, il n'agit point lui - même
avec des passions ressemblantes à celles qu'il
mettait en œuvre, mais avec réflexion et prévoyance. Si les ministres n'eussent songé qu'à
détourner de leur propre tête un coup effrayant,
ils se seraient laissé entraîner à l'excès de mouvemens que la frayeur personnelle a l'habitude
de produire. Mais toutes les fois qu'en présence d'un danger, l'homme se défend de trans-
former en nouveaux dangers les secours même
qu'il appelle, on peut assurer qu'il a le calme
de la raison et du courage.

Le Ministère, pour consommer la défaite du
parti qu'il venait de rendre implacable, ne se fit
donc point une armée exclusive du parti opposé ;
il en distingua quelques hommes ; par là, il donna
à tous des encouragemens, des espérances ;
mais il fut loin de les laisser tous s'avancer au
gré de leurs ressentimens et de leur zèle ; il les

arrêta : les plus exaltés s'étonnèrent, s'irritèrent ; ils ne tardèrent point à former, pour un
tems postérieur, un second noyau de mé-
contens.

Ici se dévoile la bizarrerie apparente de notre
situation actuelle. Tout grand mécompte d'un
homme passionné et imprévoyant devient en lui
ferment de haine. Or, les gouvernemens sages
sont nécessairement exposés , par leur sagesse
même, à donner de ces douloureuses surprises
aux hommes passionnés et imprévoyans. Ceux-ci
alors , de quelque point qu'ils arrivent, se réu-
nissent dans une disposition commune. Ils se
précipitaient les uns vers les autres ; ils allaient se
combattre avec acharnement, avec fureur : un
pouvoir protecteur s'interpose et les sépare ;
plus de vengeances , plus de victimes , plus de
dépouilles ; chacun frémit autour des barriè-
res qui l'arrêtent ; chacun s'irrite contre l'homme
bienfaisant qui les a posées ; et cet homme bienfaisant laisse au tems et à la fatigue le soin de
terminer ces clameurs.

Tel est, monsieur, le vrai jour sous lequel
doit être vue l'action ministérielle. Je ne dirai
point : Le Ministère, c'est le Roi ; mais c'est la
main du Roi, c'est l'agent de la royauté ; il ne
peut et doit avoir qu'une intention royale.

Or ce qui, dans un grand Etat, rend la monarchie nécessaire et l'hérédité légitime, c'est que le gouvernement d'un grand Etat n'est, comme nous l'avons dit, que l'art et le devoir de tenir en balance mutuelle toutes les parties du corps politique. Il est évident que le pouvoir qui tient cette balance, et qui en surveille les bassins, doit, par sa nature, être supérieur et étranger aux êtres qui s'y meuvent. Il faut que, par un privilège ressemblant à celui de la Divinité, il ne puisse point périr, afin que n'étant point soumis à la pensée du tems qui s'écoule, et du terme qui vient, il puisse avoir toute l'équité de l'indépendance.

L'agent immédiat de la royauté, le Ministère, doit se montrer de même *étranger aux partis;* c'est la définition technique de *l'impartialité.* Et dans une monarchie constitutionnelle, il y a nécessairement des partis, ils y dérivent de la nature humaine, de la nature même de tout être vivant qui, dès l'instant qu'il est libre, fait effort pour agrandir son existence. Les hommes qui forment la portion démocratique, dans une monarchie libre, tendent sans cesse à usurper la liberté républicaine, et cela sans y penser, sans que l'on puisse par conséquent leur en faire un reproche. Par cela seul qu'ils possèdent la liberté monarchique, elle ne leur suffit plus. Réciproquement les hommes qui forment la portion aristocratique, tendent sans cesse à usurper le pouvoir despotique ; par cela seul qu'ils participent au pouvoir monarchique, cette participation ne satisfait que la raison des plus modérés ; elle ne suffit plus à l'inclination du plus grand nombre. Il est donc inévitable que ces deux portions luttent sans cesse l'une contre l'autre ; et toute lutte qui n'est point retenue par un modérateur puissant et impartial, dégénère rapidement en hostilités et en combats.

Tel est l'état essentiel de tout peuple régi par la monarchie constitutionelle ; à ses époques même de vitalité calme et prospère, il est toujours agité par le besoin universel de l'exhaussement ; et à ses époques de vitalité critique et impétueuse, il est agité par le besoin universel de l'irruption hors de toutes limites. De là découle l'esprit de faction ; et l'esprit de faction est le précurseur immédiat de la guerre civile. La Royauté alors ne doit pas être seulement vigilante et équitable, comme dans les tems ordinaires ; elle doit être encore ferme et répressive, mais toujours impartiale ; ce qui fait que l'observateur désintéressé a un moyen sûr de reconnaître si elle possède ces caractères. Les hommes extrêmes, dans les partis extrêmes, se plaignent-ils de l'action royale, et de la direction qui lui est imprimée ?

Sont-ils tous à la fois irrités contre le Ministère?
Leur animosité mutuelle est-elle suspendue ,
et comme fondue dans une commune animosité ?
Il n'en faut pas davantage. L'action royale est
sagement dirigée ; le Ministère remplit avec
habileté et prudence ses importants devoirs.

Faut-il d'ailleurs, que sous le vain prétexte
d'honorer sa marche, il la découvre sans cesse,
et que jamais, dans sa conduite, dans son langage, il n'y ait dissimulation ni détours? Une telle
délicatesse serait non seulement puerile, mais
coupable; elle montrerait du moins une grande
ignorance du cours des choses, et de la nature
essentielle au cœur humain. Il n'est jamais rien
d'absolu dans les évènements, ni dans la situation d'un être quelconque. Son existence
est liée par des relations plus ou moins nombreuses, plus ou moins compliquées, à celle de
tous les êtres qui l'ont précédé, et à celle de
tous les êtres qui le suivront. Parmi les hommes
qui composent la génération actuelle, il en est
qui, par leurs idées , leurs affections , leurs
habitudes, appartiennent encore aux générations
éteintes; d'autres qui déjà, par leurs dispositions
personnelles, appartiennent aux générations pro-
chaines; et c'est même de cette division générale, plus ou moins prononcée, que découle,
dans tous les siècles, chez tous les peuples, la
division des esprits. L'homme sage , revêtu

d'un grand pouvoir, qui veut, autant qu'il est
en lui, que toutes les générations se concilient,
et que celle dont il fait partie leur serve de
transition , n'ira pas révéler les secrets de sa
prévoyance. Les hommes des temps passés
l'accuseraient de manquer d'honneur, de moralité, de principes ; car, pour eux, tout l'honneur, toute la moralité, tous les principes, sont
dans le respect de la vétusté. De leur côté
les hommes des temps prochains blâmeraient
l'homme sage et réservé, de composer avec les
droits de la vérité, de la liberté, de la philosophie, car c'est, à leur tour, dans le respect de
l'avenir que ceux-là placent tous les principes,
tout l'honneur, toute la moralité. Ainsi, la
marche prudente de l'homme sage serait en-
travée d'une part, de l'autre elle serait préci-
pitée ; et c'est lui-même qui imprimerait les
secousses qu'il veut éviter.

Non, monsieur, tout ce qui est bon, tout ce
qui est utile, ne doit pas se montrer. Il est des
ménagemens pour la faiblesse humaine qui ne
sont point fausseté et hypocrisie ; ils émanent au
contraire de la générosité. Vous-même, monsieur,
dans l'ouvrage que je combats, et dans tous vos
ouvrages polémiques, vous employez des expres-
sions, vous insistez sur des choses qui, au sein
de votre pensée, n'ont pas toute l'étendue, toute
la ferveur qu'elles trouveront dans bien des âmes

aux quelles vos ouvrages s'adressent. Vous leur parlez avec art, avec éloquence, le langage qu'elles peuvent entendre. Avec plus de franchise, vous manqueriez aux égards qu'elles méritent ; vous les détacheriez de votre cause ; vous manqueriez ainsi d'habileté.

Mais, monsieur, embrassez une cause plus grande que celle d'un parti ; celle de la patrie entière, celle de la raison, de la conciliation, celle de la Royauté, est seule digne de vos talens et de votre caractère. Si l'union la plus parfaite, la plus évidente, n'existait pas entre la pensée du Roi et l'action du Ministère, votre dévouement à la personne du roi justifierait vos plaintes. Mais depuis un an, ou même depuis l'ordonnance du 5 septembre, qu'a fait le Ministère ? il a suivi vos conseils ; *il a fait des royalistes* ; et sans les justes ménagemens qu'il s'est imposés pour les royalistes vertueux et exagérés, pour les nobles et respectables défenseurs de l'ancienne monarchie, il aurait ramené vers le Roi un plus grand nombre encore de ces hommes ardens que la révolution a entraînés. Ceux-ci imputent au Ministère une marche féodale, comme les royalistes exagérés lui imputent une marche révolutionnaire : ne cherchons point d'autres témoignages ; il n'est pas de justification plus directe qu'un tel concert d'accusations.

Je suis loin de dire que l'action ministérielle est, dans tous ses détails, parfaite et à l'abri de tout reproche. Les ministres appartiennent à l'humanité. D'ailleurs, je ne me permettrais point de discuter ce qui, dans leurs travaux et leurs projets, se rapporte spécialement à la législation et à l'administration ; je n'en possède point la science ; mais je considère l'ensemble des effets ; j'examine, de plus, le point de départ ; et je cherche à ne point m'abuser sur la situation dans laquelle le gouvernement a trouvé les esprits et les choses. Je l'avouerai, monsieur : pendant long-tems, j'ai été profondément effrayé ; d'horribles catastrophes me paraissaient presque inévitables ; et j'ai le droit de dire que, dans toute l'Europe, un grand nombre d'hommes les attendaient. Elles ne sont point venues ; et aujourd'hui, sans les juger impossibles, je les crois difficiles et éloignées. Ma sécurité se fonde sur ce que, à mes yeux, le Ministère marche avec fermeté, habileté, et unité, sur la ligne de conciliation. Son plan décidé me paraît être de consommer paisiblement la révolution ; et c'est depuis long-tems ce que la sagesse ordonne.

Je pense donc que c'est être sage et patriote que de le seconder. Pour la même raison, je pense que c'est être sincèrement et réellement royaliste ; car aujourd'hui il y a concours plein d'évidence entre le Roi, le Ministère, et tout ce qui, dans la révolution, est généreux, nécéssaire et fondamental. Or, vous le savez, Monsieur, et tous les hommes éclairés le reconnaissent; c'est la conciliation entre tous les droits, toutes les opinions, tous les intérêts, qui, dans la révolution, forme la partie généreuse, fondamentale et nécessaire.

Que tous les bons citoyens s'attachent donc au Roi, et avec franchise; les hommes qui connaissant, à n'en pouvoir douter, ses dispositions actuelles, se séparent néanmoins du gouvernement dont il est le moteur suprême, justifient les hommes qui l'ont combattu, à quelque époque et par quelque motif que ce puisse être. Ils font plus; par leur exemple, ils entraînent loin du Roi bien des hommes qui lui étaient dévoués; ainsi ils compromettent son pouvoir, et affligent son cœur.

Ils prolongent d'ailleurs, au sein de la Nation, l'état d'anxiété, de défiance, de souffrance.

Et, dans le sein d'une Nation, comme dans le sein d'un être quelconque, l'état de souffrance, lorsqu'il se prolonge, finit par établir à demeure une cause de destruction soutenue, un principe de mort.

Tel est le danger effrayant auquel nous exposent les hommes qui retardent l'union des Français, et qui, pour cela, les détournent de se rassembler, de se fixer autour du seul point d'appui que la raison et les circonstances leur présentent.

La raison leur dit : la royauté en France est aujourd'hui libérale et philosophique; car le Roi et les Ministres qui la composent, sont tous, et depuis long-tems, partisans sages et modérés des changemens nécessaires.

La voix des circonstances s'unit à la raison; elle crie : Français, votre cœur est libre, votre pays ne l'est pas. Vous avez dépassé, contre l'Europe, la mesure de valeur et de force; cet excès vous a jetés dans l'affaiblissement; l'Europe en a pris avantage. Elle ne vous opprime pas; mais, profondément avertie, elle a tout fait pour que vous ne puissiez plus lui devenir redoutables. Voulez-vous qu'elle aggrave ses précautions? Irritez-la. Or; vous ne pouvez en douter, dans l'état politique où elle s'est placée, et où vous-même l'avez conduite, elle s'irritera, s'inquiétera du moins de vos dissensions intestines, parce que le triomphe d'un parti, quel qu'il pût être, ranimerait en France les fureurs révolutionnaires; ce qui bientôt la ferait passer de nouveau sous le sceptre d'un soldat.

L'Europe veut donc chez vous le gouvernement qu'elle vous a rendu, parce que ce gouvernement, transition heureuse entre le passé et l'avenir, libéral et antique, pacifique et national, est en harmonie avec les droits de tous les Souverains et les besoins de tous les Peuples.

Ne balancez donc pas à vouloir vous-mêmes ce que veulent ensemble et la raison et l'Europe, et la révolution et la justice, et les droits de l'opinion, et les droits de l'habitude; que l'intérêt seul s'écarte et se taise.

L'opinion est la reine du monde ; mais l'intérêt en est le tyran. Celui-ci, comme tous les tyrans, agit sans mesure, commande sans prévoyance, opprime, ravage, tombe, et laisse enfin s'établir le règne de l'opinion. N'attendons pas que celle-ci ne trouve que des décombres.

Je viens, Monsieur, de placer parmi les motifs pressans qui doivent nous attacher tous au gouvernement, la force qui nous surveille. Je l'ai fait, sans hésitation et sans honte. Le droit d'avouer, sans honte, que la France aujourd'hui n'est pas indépendante, appartient aux hommes qui ont fait ce qu'ils ont pu pour écarter le pouvoir de l'étranger. Je suis de ce nombre.

Maintenant que ce pouvoir existe, je pense que ceux qui feignent de ne pas le reconnaître sont bien plus loin qu'ils ne pensent de montrer un sentiment national ; car ils poussent la Nation vers de grandes imprudences.

Je le répète, Monsieur, ce pouvoir existe : huit cent mille hommes sont à ses ordres, et ces huit cent mille hommes sont autant de soldats ; c'est nous qui les avons formés.

Or, ce pouvoir n'entrera en relations de confiance qu'avec un gouvernement fort, et à l'abri lui-même de toute inquiétude. Ce pouvoir, d'ailleurs', est en faisceau. A cet égard encore, ne vous abusez pas : tous les souverains de l'Europe sont fortement unis ; et cela principalement parce que la France existe. Voulez-vous qu'ils s'unissent plus fortement encore ? Provoquez chez nous les dissensions et l'indépendance.

Je m'arrête, monsieur : mon âme est satisfaite ; je viens de parler en homme vrai, en homme juste, en homme qui a vu, souffert, réfléchi, en homme qui sent les devoirs que la fonction d'écrivain lui impose.

La fonction d'écrivain politique est, à mes yeux, d'une grande importance. Semblable au magistrat, semblable au souverain même, l'écrivain politique appartient à l'Etat. Celui qui s'adresse directement aux passions, aux intérêts d'une classe particulière, échauffe son exigence et contribue au désordre. Au contraire, celui qui, sans égard à sa position personnelle, à ses vœux, à ses droits personnels, balance d'abord dans sa pensée tous les vœux, tous les droits, toutes les opinions, et n'écrit ensuite que sous l'inspiration de sa pensée ; celui-là imprime à ses lecteurs le désintéressement qui l'anime ; il les dispose ainsi à cette générosité conciliante, qui

n'est autre chose que le sentiment des intérêts
d'autrui.

Je suis loin de dire, monsieur, que telles ne
soient pas vos intentions ; vous avez de si grands
talens que votre âme ne peut être que très-géné-
reuse. Mais je pense qu'elle est temporairement
dans une disposition qui ne lui est pas naturelle,
et qui suspend la rectitude de ses vues et l'équité
de ses penchans. C'est ce qui arrive, de tems à
autre, à tous les hommes d'une imagination
ardente.

Depuis long-tems, moi qui n'ai point goûté
vos ouvrages, (j'en excepte vos *réflexions politiques*), j'ai annoncé que vous en feriez un jour
d'admirables, de parfaits. La raison en est que
vos ouvrages ne sont empreints, à mes yeux, que
des défauts qui naissent de l'excès des qualités
brillantes, excès que dissipent insensiblement la
raison, le tems, l'étude et l'expérience. Vous
arriverez un jour à une juste mesure entre
les hautes facultés. J'ose vous solliciter, au nom
de votre siècle, de ne pas vous refuser à ce vœu
de votre caractère. Tout votre talent parviendra
à sa noble puissance, le jour où la modération
s'établira dans votre cœur.